Émaux
et
Camées

Théophile Gautier

Émaux et Camées

Avertissement des Éditions Ligaran

L'ouvrage que vous détenez est la réédition d'un ouvrage ancien. Malgré tout le soin que nous avons apporté à sa réalisation, il se peut que vous y trouviez quelques défauts et anomalies : certaines coquilles peuvent subsister ; le texte a pu bénéficier d'un effort de modernisation du français afin d'en améliorer son intelligibilité ; les gravures et les images étant celles d'origine, la qualité de ces dernières n'est pas toujours optimale.
Parmi les livres publiés aux Éditions Ligaran, certains contenus peuvent heurter le public par le vocabulaire utilisé ou les idées exposées ; ceci doit se comprendre et s'inscrire dans le contexte de l'époque.

Les Éditions Ligaran déclinent toute responsabilité relative à d'éventuelles omissions, inexactitudes ou erreurs qui pourraient exister dans les contenus.

EAN : 9782335011173

71100 Chalon-sur-Saône

Affinités secrètes

MADRIGAL PANTHÉISTE

Dans le fronton d'un temple antique,
Deux blocs de marbre ont, trois mille ans,
Sur le fond bleu du ciel attique,
Juxtaposé leurs rêves blancs ;

Dans la même nacre figées,
Larmes des flots pleurant Vénus,
Deux perles au gouffre plongées
Se sont dit des mots inconnus ;

Au frais Généralife écloses,
Sous le jet d'eau toujours en pleurs,
Du temps de Boabdil, deux roses
Ensemble ont fait jaser leurs fleurs ;

Sur les coupoles de Venise
Deux ramiers blancs aux pieds rosés,
Au nid où l'amour s'éternise,
Un soir de mai se sont posés.

Marbre, perle, rose, colombe,
Tout se dissout, tout se détruit ;
La perle fond, le marbre tombe,
La fleur se fane et l'oiseau fuit.

En se quittant, chaque parcelle
S'en va dans le creuset profond
Grossir la pâte universelle
Faite des formes que Dieu fond.

Par de lentes métamorphoses,
Les marbres blancs en blanches chairs,
Les fleurs roses en lèvres roses
Se refont dans des corps divers.

Les ramiers de nouveau roucoulent
Au cœur de deux jeunes amants,
Et les perles en dents se moulent
Pour l'écrin des rires charmants.

De là naissent ces sympathies
Aux impérieuses douceurs,
Par qui les âmes averties
Partout se reconnaissent sœurs.

Docile à l'appel d'un arôme,
D'un rayon ou d'une couleur,
L'atome vole vers l'atome
Comme l'abeille vers la fleur.

L'on se souvient des rêveries
Sur le fronton ou dans la mer,
Des conversations fleuries
Près de la fontaine au flot clair,

Des baisers et des frissons d'ailes
Sur les dômes aux boules d'or,
Et les molécules fidèles
Se cherchent et s'aiment encor.

L'amour oublié se réveille,
Le passé vaguement renaît,
La fleur sur la bouche vermeille
Se respire et se reconnaît.

Dans la nacre où le rire brille,
La perle revoit sa blancheur ;
Sur une peau de jeune fille,
Le marbre ému sent sa fraîcheur.

Le ramier trouve une voix douce,
Écho de son gémissement,
Toute résistance s'émousse,
Et l'inconnu devient l'amant.

Vous devant qui je brûle et tremble,
Quel flot, quel fronton, quel rosier,
Quel dôme nous connut ensemble,
Perle ou marbre, fleur ou ramier ?

Le Poème de la femme

MARBRE DE PAROS

Un jour, au doux rêveur qui l'aime,
En train de montrer ses trésors,
Elle voulut lire un poème,
Le poème de son beau corps.

D'abord, superbe et triomphante
Elle vint en grand apparat,
Traînant avec des airs d'infante
Un flot de velours nacarat :

Telle qu'au rebord de sa loge
Elle brille aux Italiens,
Écoutant passer son éloge
Dans les chants des musiciens.

Ensuite, en sa verve d'artiste,
Laissant tomber l'épais velours,
Dans un nuage de batiste
Elle ébaucha ses fiers contours.

Glissant de l'épaule à la hanche,
La chemise aux plis nonchalants,
Comme une tourterelle blanche
Vint s'abattre sur ses pieds blancs.

Pour Apelle ou pour Cléomène,
Elle semblait, marbre de chair,
En Vénus Anadyomène
Poser nue au bord de la mer.

De grosses perles de Venise
Roulaient au lieu de gouttes d'eau,
Grains laiteux qu'un rayon irise,
Sur le frais satin de sa peau.

Oh ! quelles ravissantes choses,
Dans sa divine nudité,
Avec les strophes de ses poses,
Chantait cet hymne de beauté !

Comme les flots baisant le sable
Sous la lune aux tremblants rayons,
Sa grâce était intarissable
En molles ondulations.

Mais bientôt, lasse d'art antique,
De Phidias et de Vénus,
Dans une autre stance plastique
Elle groupe ses charmes nus.

Sur un tapis de Cachemire,
C'est la sultane du sérail,
Riant au miroir qui l'admire
Avec un rire de corail ;

La Géorgienne indolente,
Avec son souple narguilhé,
Étalant sa hanche opulente,
Un pied sous l'autre replié.

Et comme l'odalisque d'Ingres,
De ses reins cambrant les rondeurs,
En dépit des vertus malingres,
En dépit des maigres pudeurs !

Paresseuse odalisque, arrière !
Voici le tableau dans son jour,
Le diamant dans sa lumière ;
Voici la beauté dans l'amour !

Sa tête penche et se renverse ;
Haletante, dressant les seins,
Aux bras du rêve qui la berce,
Elle tombe sur ses coussins.

Ses paupières battent des ailes
Sur leurs globes d'argent bruni,
Et l'on voit monter ses prunelles
Dans la nacre de l'infini.

D'un linceul de point d'Angleterre
Que l'on recouvre sa beauté :
L'extase l'a prise à la terre ;
Elle est morte de volupté !

Que les violettes de Parme,
Au lieu des tristes fleurs des morts
Où chaque perle est une larme,
Pleurent en bouquets sur son corps !

Et que mollement on la pose
Sur son lit, tombeau blanc et doux,
Où le poète, à la nuit close,
Ira prier à deux genoux.

Étude de mains

I
Impéria

Chez un sculpteur, moulée en plâtre,
J'ai vu l'autre jour une main
D'Aspasie ou de Cléopâtre,
Pur fragment d'un chef-d'œuvre humain ;

Sous le baiser neigeux saisie
Comme un lis par l'aube argenté,
Comme une blanche poésie
S'épanouissait sa beauté.

Dans l'éclat de sa pâleur mate
Elle étalait sur le velours
Son élégance délicate
Et ses doigts fins aux anneaux lourds.

Une cambrure florentine,
Avec un bel air de fierté,
Faisait, en ligne serpentine,
Onduler son pouce écarté.

A-t-elle joué dans les boucles
Des cheveux lustrés de don Juan,
Ou sur son caftan d'escarboucles
Peigné la barbe du sultan,

Et tenu, courtisane ou reine,
Entre ses doigts si bien sculptés,
Le sceptre de la souveraine
Ou le sceptre des voluptés ?

Elle a dû, nerveuse et mignonne,
Souvent s'appuyer sur le col
Et sur la croupe de lionne
De sa chimère prise au vol.

Impériales fantaisies,
Amour des somptuosités ;
Voluptueuses frénésies,
Rêves d'impossibilités,

Romans extravagants, poèmes
De haschisch et de vin du Rhin,
Courses folles dans les bohèmes
Sur le dos des coursiers sans frein ;

On voit tout cela dans les lignes
De cette paume, livre blanc
Où Vénus a tracé des signes
Que l'amour ne lit qu'en tremblant.

II
Lacenaire

Pour contraste, la main coupée
De Lacenaire l'assassin,
Dans des baumes puissants trempée,
Posait auprès, sur un coussin.

Curiosité dépravée !
J'ai touché, malgré mes dégoûts,
Du supplice encor mal lavée,
Cette chair froide au duvet roux.

Momifiée et toute jaune
Comme la main d'un pharaon,

Elle allonge ses doigts de faune
Crispés par la tentation.

Un prurit d'or et de chair vive
Semble titiller de ses doigts
L'immobilité convulsive,
Et les tordre comme autrefois.

Tous les vices avec leurs griffes
Ont, dans les plis de cette peau,
Tracé d'affreux hiéroglyphes,
Lus couramment par le bourreau.

On y voit les œuvres mauvaises
Écrites en fauves sillons,
Et les brûlures des fournaises
Où bouillent les corruptions ;

Les débauches dans les Caprées
Des tripots et des lupanars,
De vin et de sang diaprées,
Comme l'ennui des vieux Césars !

En même temps molle et féroce,
Sa forme a pour l'observateur
Je ne sais quelle grâce atroce,
La grâce du gladiateur !

Criminelle aristocratie,
Par la varlope ou le marteau
Sa pulpe n'est pas endurcie,
Car son outil fut un couteau.

Saints calus du travail honnête,
On y cherche en vain votre sceau.

Vrai meurtrier et faux poète,
Il fut le Manfred du ruisseau !

Variations sur le Carnaval de Venise

I
Dans la rue

Il est un vieil air populaire
Par tous les violons raclé,
Aux abois des chiens en colère
Par tous les orgues nasillé.

Les tabatières à musique
L'ont sur leur répertoire inscrit ;
Pour les serins il est classique,
Et ma grand-mère, enfant, l'apprit.

Sur cet air, pistons, clarinettes,
Dans les bals aux poudreux berceaux,
Font sauter commis et grisettes,
Et de leurs nids fuir les oiseaux.

La guinguette, sous sa tonnelle
De houblon et de chèvrefeuil,
Fête, en braillant la ritournelle,
Le gai dimanche et l'argenteuil.

L'aveugle au basson qui pleurniche
L'écorche en se trompant de doigts ;
La sébile aux dents, son caniche
Près de lui le grogne à mi-voix.

Et les petites guitaristes,
Maigres sous leurs minces tartans,

Le glapissent de leurs voix tristes
Aux tables des cafés chantants.

Paganini, le fantastique,
Un soir, comme avec un crochet,
A ramassé le thème antique
Du bout de son divin archet,

Et, brodant la gaze fanée
Que l'oripeau rougit encor,
Fait sur la phrase dédaignée
Courir ses arabesques d'or.

II
Sur les lagunes

Tra la, tra la, la, la, la laire !
Qui ne connaît pas ce motif ?
À nos mamans il a su plaire,
Tendre et gai, moqueur et plaintif :

L'air du Carnaval de Venise,
Sur les canaux jadis chanté
Et qu'un soupir de folle brise
Dans le ballet a transporté !

Il me semble, quand on le joue,
Voir glisser dans son bleu sillon
Une gondole avec sa proue
Faite en manche de violon.

Sur une gamme chromatique,
Le sein de perles ruisselant,
La Vénus de l'Adriatique
Sort de l'eau son corps rose et blanc.

Les dômes sur l'azur des ondes
Suivant la phrase au pur contour,
S'enflent comme des gorges rondes
Que soulève un soupir d'amour.

L'esquif aborde et me dépose,
Jetant son amarre au pilier,
Devant une façade rose,
Sur le marbre d'un escalier.

Avec ses palais, ses gondoles,
Ses mascarades sur la mer,
Ses doux chagrins, ses gaîtés folles,
Tout Venise vit dans cet air.

Une frêle corde qui vibre
Refait sur un pizzicato,
Comme autrefois joyeuse et libre,
La ville de Canaletto !

III
Carnaval

Venise pour le bal s'habille.
De paillettes tout étoilé,
Scintille, fourmille et babille
Le carnaval bariolé.

Arlequin, nègre par son masque,
Serpent par ses mille couleurs,
Rosse d'une note fantasque
Cassandre son souffre-douleurs.

Battant de l'aile avec sa manche
Comme un pingouin sur un écueil,

Le blanc Pierrot, par une blanche,
Passe la tête et cligne l'œil.

Le Docteur bolonais rabâche
Avec la basse aux sons traînés ;
Polichinelle, qui se fâche,
Se trouve une croche pour nez.

Heurtant Trivelin qui se mouche
Avec un trille extravagant,
A Colombine Scaramouche
Rend son éventail ou son gant.

Sur une cadence se glisse
Un domino ne laissant voir
Qu'un malin regard en coulisse
Aux paupières de satin noir.

Ah ! fine barbe de dentelle,
Que fait voler un souffle pur,
Cet arpège m'a dit : C'est elle !
Malgré tes réseaux, j'en suis sûr,

Et j'ai reconnu, rose et fraîche,
Sous l'affreux profil de carton,
Sa lèvre au fin duvet de pêche,
Et la mouche de son menton.

IV
Clair de lune sentimental

À travers la folle risée
À Que Saint-Marc renvoie au Lido,
Une gamme monte en fusée,
Comme au clair de lune un jet d'eau…

A l'air qui jase d'un ton bouffe
Et secoue au vent ses grelots,
Un regret, ramier qu'on étouffe,
Par instant mêle ses sanglots.

Au loin, dans la brume sonore.
Comme un rêve presque effacé,
J'ai revu, pâle et triste encore,
Mon vieil amour de l'an passé.

Mon âme en pleurs s'est souvenue
De l'avril, où, guettant au bois
La violette à sa venue,
Sous l'herbe nous mêlions nos doigts.

Cette note de chanterelle,
Vibrant comme l'harmonica,
C'est la voix enfantine et grêle,
Flèche d'argent qui me piqua.

Le son en est si faux, si tendre,
Si moqueur, si doux, si cruel,
Si froid, si brûlant, qu'à l'entendre
On ressent un plaisir mortel,

Et que mon cœur, comme la voûte
Dont l'eau pleure dans un bassin,
Laisse tomber goutte par goutte
Ses larmes rouges dans mon sein.

Jovial et mélancolique,
Ah ! vieux thème du carnaval,
Où le rire aux larmes réplique,
Que ton charme m'a fait de mal !

Symphonie en blanc majeur

De leur col blanc courbant les lignes,
On voit dans les contes du Nord,
Sur le vieux Rhin, des femmes-cygnes
Nager en chantant près du bord,

Ou, suspendant à quelque branche
Le plumage qui les revêt,
Faire luire leur peau plus blanche
Que la neige de leur duvet.

De ces femmes il en est une,
Qui chez nous descend quelquefois,
Blanche comme le clair de lune
Sur les glaciers dans les cieux froids ;

Conviant la vue enivrée
De sa boréale fraîcheur
À des régals de chair nacrée,
À des débauches de blancheur !

Son sein, neige moulée en globe,
Contre les camélias blancs
Et le blanc satin de sa robe
Soutient des combats insolents.

Dans ces grandes batailles blanches,
Satins et fleurs ont le dessous,
Et, sans demander leurs revanches,
Jaunissent comme des jaloux.

Sur les blancheurs de son épaule
Paros au grain éblouissant,

Comme dans une nuit du pôle,
Un givre invisible descend.

De quel mica de neige vierge,
De quelle moelle de roseau,
De quelle hostie et de quel cierge
A-t-on fait le blanc de sa peau ?

A-t-on pris la goutte lactée
Tachant l'azur du ciel d'hiver,
Le lis à la pulpe argentée,
La blanche écume de la mer ;

Le marbre blanc, chair froide et pâle,
Où vivent les divinités ;
L'argent mat, la laiteuse opale
Qu'irisent de vagues clartés ;

L'ivoire où ses mains ont des ailes,
Et, comme des papillons blancs,
Sur la pointe des notes frêles
Suspendent leurs baisers tremblants ;

L'hermine vierge de souillure,
Qui pour abriter leurs frissons,
Ouate de sa blanche fourrure
Les épaules et les blasons ;

Le vif-argent aux fleurs fantasques
Dont les vitraux sont ramagés ;
Les blanches dentelles des vasques,
Pleurs de l'ondine en l'air figés ;

L'aubépine de mai qui plie
Sous les blancs frimas de ses fleurs ;

L'albâtre où la mélancolie
Aime à retrouver ses pâleurs ;

Le duvet blanc de la colombe,
Neigeant sur les toits du manoir,
Et la stalactite qui tombe,
Larme blanche de l'antre noir ?

Des Groenlands et des Norvèges
Vient-elle avec Séraphita ?
Est-ce la Madone des neiges,
Un sphinx blanc que l'hiver sculpta,

Sphinx enterré par l'avalanche,
Gardien des glaciers étoilés,
Et qui, sous sa poitrine blanche,
Cache de blancs secrets gelés ?

Sous la glace où calme il repose,
Oh ! qui pourra fondre ce cœur !
Oh ! qui pourra mettre un ton rose
Dans cette implacable blancheur !

Coquetterie posthume

Quand je mourrai, que l'on mette,
Avant de clouer mon cercueil,
Un peu de rouge à la pommette,
Un peu de noir au bord de l'œil.

Car je veux, dans ma bière close,
Comme le soir de son aveu,
Rester éternellement rose
Avec du kh'ol sous mon œil bleu.

Pas de suaire en toile fine,
Mais drapez-moi dans les plis blancs
De ma robe de mousseline,
De ma robe à treize volants.

C'est ma parure préférée ;
Je la portais quand je lui plus
Son premier regard l'a sacrée,
Et depuis je ne la mis plus.

Posez-moi, sans jaune immortelle,
Sans coussin de larmes brodé,
Sur mon oreiller de dentelle
De ma chevelure inondé.

Cet oreiller, dans les nuits folles
A vu dormir nos fronts unis,
Et sous le drap noir des gondoles
Compté nos baisers infinis.

Entre mes mains de cire pâle,
Que la prière réunit,

Tournez ce chapelet d'opale,
Par le pape à Rome bénit :

Je l'égrènerai dans la couche
D'où nul encor ne s'est levé ;
Sa bouche en a dit sur ma bouche
Chaque *Pater* et chaque *Ave.*

Diamant du cœur

Tout amoureux, de sa maîtresse,
Sur son cœur ou dans son tiroir,
Possède un gage qu'il caresse
Aux jours de regret ou d'espoir.

L'un, d'une chevelure noire,
Par un sourire encouragé,
A pris une boucle que moire
Un reflet bleu d'aile de geai.

L'autre a, sur un cou blanc qui ploie,
Coupé par derrière un flocon
Retors et fin comme la soie
Que l'on dévide du cocon.

Un troisième, au fond d'une boîte,
Reliquaire du souvenir,
Cache un gant blanc, de forme étroite,
Où nulle main ne peut tenir.

Cet autre, pour s'en faire un charme,
Dans un sachet, d'un chiffre orné,
Coud des violettes de Parme,
Frais cadeau qu'on reprend fané.

Celui-ci baise la pantoufle
Que Cendrillon perdit un soir ;
Et celui-ci conserve un souffle
Dans la barbe d'un masque noir.

Moi, je n'ai ni boucle lustrée,
Ni gant, ni bouquet, ni soulier,

Mais je garde, empreinte adorée,
Une larme sur un papier :

Pure rosée, unique goutte,
D'un ciel d'azur tombée un jour,
Joyau sans prix, perle dissoute
Dans la coupe de mon amour !

Et, pour moi, cette obscure tache
Reluit comme un écrin d'Ophyr,
Et du vélin bleu se détache,
Diamant éclos d'un saphir.

Cette larme, qui fait ma joie,
Roula, trésor inespéré,
Sur un de mes vers qu'elle noie,
D'un œil qui n'a jamais pleuré !

Premier Sourire du Printemps

Tandis qu'à leurs œuvres perverses
Les hommes courent haletants,
Mars qui rit, malgré les averses,
Prépare en secret le printemps.

Pour les petites pâquerettes,
Sournoisement, lorsque tout dort,
Il repasse des collerettes
Et cisèle des boutons d'or.

Dans le verger et dans la vigne,
Il s'en va, furtif perruquier,
Avec une houppe de cygne,
Poudrer à frimas l'amandier.

La nature au lit se repose ;
Lui, descend au jardin désert,
Et lace les boutons de rose
Dans leur corset de velours vert.

Tout en composant des solfèges,
Qu'aux merles il siffle à mi-voix,
Il sème aux prés les perce-neiges
Et les violettes aux bois.

Sur le cresson de la fontaine
Où le cerf boit, l'oreille au guet,
De sa main cachée il égrène
Les grelots d'argent du muguet.

Sous l'herbe, pour que tu la cueilles,
Il met la fraise au teint vermeil,

Et te tresse un chapeau de feuilles
Pour te garantir du soleil.

Puis, lorsque sa besogne est faite,
Et que son règne va finir,
Au seuil d'avril tournant la tête,
Il dit : « Printemps, tu peux venir ! »

Contralto

On voit dans le Musée antique,
Sur un lit de marbre sculpté,
Une statue énigmatique
D'une inquiétante beauté.

Est-ce un jeune homme ? est-ce une femme,
Une déesse, ou bien un dieu ?
L'amour, ayant peur d'être infâme,
Hésite et suspend son aveu.

Dans sa pose malicieuse,
Elle s'étend, le dos tourné
Devant la foule curieuse,
Sur son coussin capitonné.

Pour faire sa beauté maudite,
Chaque sexe apporta son don.
Tout homme dit : C'est Aphrodite !
Toute femme : C'est Cupidon !

Sexe douteux, grâce certaine,
On dirait ce corps indécis
Fondu, dans l'eau de la fontaine,
Sous les baisers de Salmacis.

Chimère ardente, effort suprême
De l'art et de la volupté,
Monstre charmant, comme je t'aime,
Avec ta multiple beauté !

Bien qu'on défende ton approche,
Sous la draperie aux plis droits

Dont le bout à ton pied s'accroche,
Mes yeux ont plongé bien des fois.

Rêve de poète et d'artiste,
Tu m'as bien des nuits occupé,
Et mon caprice qui persiste
Ne convient pas qu'il s'est trompé.

Mais seulement il se transpose,
Et, passant de la forme au son,
Trouve dans sa métamorphose
La jeune fille et le garçon.

Que tu me plais, ô timbre étrange !
Son double, homme et femme à la fois,
Contralto, bizarre mélange,
Hermaphrodite de la voix !

C'est Roméo, c'est Juliette,
Chantant avec un seul gosier ;
Le pigeon rauque et la fauvette
Perchés sur le même rosier ;

C'est la châtelaine qui raille
Son beau page parlant d'amour ;
L'amant au pied de la muraille,
La dame au balcon de sa tour ;

Le papillon, blanche étincelle,
Qu'en ses détours et ses ébats
Poursuit un papillon fidèle,
L'un volant haut et l'autre bas ;

L'ange qui descend et qui monte
Sur l'escalier d'or voltigeant ;

La cloche mêlant dans sa fonte
La voix d’airain, la voix d’argent ;

La mélodie et l’harmonie,
Le chant et l’accompagnement ;
À la grâce la force unie,
La maîtresse embrassant l’amant !

Sur le pli de sa jupe assise,
Ce soir, ce sera Cendrillon
Causant près du feu qu’elle attise
Avec son ami le grillon ;

Demain le valeureux Arsace
À son courroux donnant l’essor,
Ou Tancrède avec sa cuirasse,
Son épée et son casque d’or ;

Desdemona chantant le Saule,
Zerline bernant Mazetto,
Ou Malcolm le plaid sur l’épaule ;
C’est toi que j’aime ô contralto !

Nature charmante et bizarre
Que Dieu d’un double attrait para,
Toi qui pourrais, comme Gulnare,
Être le Kaled d’un Lara,

Et dont la voix, dans sa caresse.
Réveillant le cœur endormi,
Mêle aux soupirs de la maîtresse
L’accent plus mâle de l’ami !

Cærulei Oculi

Une femme mystérieuse,
Dont la beauté trouble mes sens,
Se tient debout, silencieuse,
Au bord des flots retentissants.

Ses yeux, où le ciel se reflète,
Mêlent à leur azur amer,
Qu'étoile une humide paillette,
Les teintes glauques de la mer.

Dans les langueurs de leurs prunelles,
Une grâce triste sourit,
Les pleurs mouillent les étincelles
Et la lumière s'attendrit ;

Et leurs cils comme des mouettes
Qui rasent le flot aplani,
Palpitent, ailes inquiètes,
Sur leur azur indéfini.

Comme dans l'eau bleue et profonde,
Où dort plus d'un trésor coulé,
On y découvre à travers l'onde
La coupe du roi de Thulé.

Sous leur transparence verdâtre,
Brille parmi le goémon,
L'autre perle de Cléopâtre
Près de l'anneau de Salomon.

La couronne au gouffre lancée
Dans la ballade de Schiller,

Sans qu'un plongeur l'ait ramassée,
Y jette encor son reflet clair.

Un pouvoir magique m'entraîne
Vers l'abîme de ce regard,
Comme au sein des eaux la sirène
Attirait Harald Harfagar.

Mon âme, avec la violence
D'un irrésistible désir,
Au milieu du gouffre s'élance
Vers l'ombre impossible à saisir.

Montrant son sein, cachant sa queue,
La sirène amoureusement
Fait ondoyer sa blancheur bleue
Sous l'émail vert du flot dormant.

L'eau s'enfle comme une poitrine
Aux soupirs de la passion ;
Le vent dans sa conque marine,
Murmure une incantation.

« Oh ! viens dans ma couche de nacre,
Mes bras d'onde t'enlaceront ;
Les flots, perdant leur saveur âcre,
Sur ta bouche, en miel couleront.

« Laissant bruire sur nos têtes,
La mer qui ne peut s'apaiser,
Nous boirons l'oubli des tempêtes
Dans la coupe de mon baiser. »

Ainsi parle la voix humide
De ce regard céruléen,

Et mon cœur, sous l'onde perfide,
Se noie et consomme l'hymen.

Rondalla

Enfant aux airs d'impératrice,
Colombe aux regards de faucon,
Tu me hais, mais c'est mon caprice,
De me planter sous ton balcon.

Là, je veux, le pied sur la borne,
Pinçant les nerfs, tapant le bois,
Faire luire à ton carreau morne
Ta lampe et ton front à la fois.

Je défends à toute guitare
De bourdonner aux alentours.
Ta rue est à moi : – je la barre
Pour y chanter seul mes amours.

Et je coupe les deux oreilles
Au premier racleur de jambon
Qui devant la chambre où tu veilles
Braille un couplet mauvais ou bon.

Dans sa gaine mon couteau bouge ;
Allons, qui veut de l'incarnat ?
À son jabot qui veut du rouge
Pour faire un bouton de grenat ?

Le sang dans les veines s'ennuie,
Car il est fait pour se montrer :
Le temps est noir, gare la pluie !
Poltrons, hâtez-vous de rentrer.

Sortez, vaillants ! sortez, bravaches !
L'avant-bras couvert du manteau,

Que sur vos faces de gavaches
J'écrive des croix au couteau !

Qu'ils s'avancent ! seuls ou par bande,
De pied ferme je les attends.
À ta gloire il faut que je fende
Les naseaux de ces capitans.

Au ruisseau qui gêne ta marche
Et pourrait salir tes pieds blancs,
Corps du Christ ! je veux faire une arche
Avec les côtes des galants.

Pour te prouver combien je t'aime,
Dis, je tuerai qui tu voudras :
J'attaquerai Satan lui-même,
Si pour linceul j'ai tes deux draps.

Porte sourde ! – Fenêtre aveugle !
Tu dois pourtant ouïr ma voix ;
Comme un taureau blessé je beugle,
Des chiens excitant les abois !

Au moins plante un clou dans ta porte :
Un clou pour accrocher mon cœur.
À quoi sert que je le remporte
Fou de rage, mort de langueur ?

Nostalgies d'Obélisques

I
L'Obélisque de Paris

Sur cette place je m'ennuie.
Obélisque dépareillé ;
Neige, givre, bruine et pluie
Glacent mon flanc déjà rouillé ;

Et ma vieille aiguille, rougie
Aux fournaises d'un ciel de feu,
Prend des pâleurs de nostalgie
Dans cet air qui n'est jamais bleu.

Devant les colosses moroses
Et les pylônes de Lux or,
Près de mon frère aux teintes roses
Que ne suis-je debout encor,

Plongeant dans l'azur immuable,
Mon pyramidion vermeil,
Et de mon ombre, sur le sable,
Écrivant les pas du soleil !

Rhamsès, un jour mon bloc superbe,
Où l'éternité s'ébréchait,
Roula fauché comme un brin d'herbe,
Et Paris s'en fit un hochet.

La sentinelle granitique,
Gardienne des énormités,
Se dresse entre un faux temple antique
Et la chambre des députés.

Sur l'échafaud de Louis seize,
Monolithe au sens aboli,
On a mis mon secret, qui pèse
Le poids de cinq mille ans d'oubli.

Les moineaux francs souillent ma tête,
Où s'abattaient dans leur essor
L'ibis rose et le gypaète
Au blanc plumage, aux serres d'or.

La Seine, noir égout des rues,
Fleuve immonde fait de ruisseaux,
Salit mon pied, que dans ses crues
Baisait le Nil, père des eaux.

Le Nil, géant à barbe blanche
Coiffé de lotus et de joncs,
Versant de son urne qui penche
Des crocodiles pour goujons !

Les chars d'or étoilés de nacre
Des grands pharaons d'autrefois
Rasaient mon bloc heurté du fiacre
Emportant le dernier des rois.

Jadis, devant ma pierre antique,
Le pschent au front, les prêtres saints
Promenaient la bari mystique
Aux emblèmes dorés et peints ;

Mais aujourd'hui, pilier profane
Entre deux fontaines campé,
Je vois passer la courtisane
Se renversant dans son coupé.

Je vois, de janvier à décembre,
La procession des bourgeois,
Les Solons qui vont à la chambre,
Et les Arthurs qui vont au bois.

Oh ! dans cent ans quels laids squelettes
Fera ce peuple impie et fou,
Qui se couche sans bandelettes
Dans des cercueils que ferme un clou,

Et n'a pas même d'hypogées
À l'abri des corruptions,
Dortoirs où, par siècles rangées,
Plongent les générations !

Sol sacré des hiéroglyphes
Et des secrets sacerdotaux,
Où les sphinx s'aiguisent les griffes
Sur les angles des piédestaux,

Où sous le pied sonne la crypte,
Où l'épervier couve son nid,
Je te pleure, ô ma vieille Égypte,
Avec des larmes de granit !

II
L'Obélisque de Luxor

Je veille, unique sentinelle
De ce grand palais dévasté,
Dans la solitude éternelle,
En face de l'immensité.

À l'horizon que rien ne borne,
Stérile, muet, infini,

Le désert sous le soleil morne,
Déroule son linceul jauni.

Au-dessus de la terre nue,
Le ciel, autre désert d'azur,
Où jamais ne flotte une nue,
S'étale implacablement pur.

Le Nil, dont l'eau morte s'étame
D'une pellicule de plomb,
Luit, ridé par l'hippopotame,
Sous un jour mat tombant d'aplomb ;

Et les crocodiles rapaces,
Sur le sable en feu des îlots,
Demi-cuits dans leurs carapaces,
Se pâment avec des sanglots.

Immobile sur son pied grêle,
L'ibis, le bec dans son jabot,
Déchiffre au bout de quelque stèle
Le cartouche sacré de Thot.

L'hyène rit, le chacal miaule,
Et traçant des cercles dans l'air,
L'épervier affamé piaule,
Noire virgule du ciel clair.

Mais ces bruits de la solitude
Sont couverts par le bâillement
Des sphinx, lassés de l'attitude
Qu'ils gardent immuablement.

Produit des blancs reflets du sable
Et du soleil toujours brillant,

Nul ennui ne t'est comparable,
Spleen lumineux de l'Orient !

C'est toi qui faisais crier : Grâce !
À la satiété des rois
Tombant vaincus sur leur terrasse,
Et tu m'écrases de ton poids.

Ici jamais le vent n'essuie
Une larme à l'œil sec des cieux.
Et le temps fatigué s'appuie
Sur les palais silencieux.

Pas un accident ne dérange
La face de l'éternité ;
L'Égypte, en ce monde où tout change,
Trône sur l'immobilité.

Pour compagnons et pour amies,
Quand l'ennui me prend par accès,
J'ai les fellahs et les momies
Contemporaines de Rhamsès ;

Je regarde un pilier qui penche,
Un vieux colosse sans profil
Et les canges à voile blanche
Montant ou descendant le Nil.

Que je voudrais comme mon frère,
Dans ce grand Paris transporté,
Auprès de lui, pour me distraire,
Sur une place être planté !

Là-bas, il voit à ses sculptures
S'arrêter un peuple vivant,

Hiératiques écritures,
Que l'idée épelle en rêvant.

Les fontaines juxtaposées
Sur la poudre de son granit
Jettent leurs brumes irisées ;
Il est vermeil, il rajeunit !

Des veines roses de Syène
Comme moi cependant il sort,
Mais je reste à ma place ancienne :
Il est vivant et je suis mort !

Vieux de la vieille

15 décembre

Par l'ennui chassé de ma chambre,
J'errais le long du boulevard :
Il faisait un temps de décembre,
Vent froid, fine pluie et brouillard ;

Et là je vis, spectacle étrange,
Échappés du sombre séjour,
Sous la bruine et dans la fange,
Passer des spectres en plein jour.

Pourtant c'est la nuit que les ombres,
Par un clair de lune allemand,
Dans les vieilles tours en décombres,
Reviennent ordinairement ;

C'est la nuit que les Elfes sortent
Avec leur robe humide au bord,
Et sous les nénuphars emportent
Leur valseur de fatigue mort ;

C'est la nuit qu'a lieu la revue
Dans la ballade de Zedlitz,
Où l'Empereur, ombre entrevue,
Compte les ombres d'Austerlitz.

Mais des spectres près du Gymnase,
À deux pas des Variétés,
Sans brume ou linceul qui les gaze,
Des spectres mouillés et crottés !

Avec ses dents jaunes de tartre,
Son crâne de mousse verdi,
À Paris, boulevard Montmartre,
Mob se montrant en plein midi !

La chose vaut qu'on la regarde :
Trois fantômes de vieux grognards,
En uniformes de l'ex-garde,
Avec deux ombres de hussards !

On eût dit la lithographie
Où, dessinés par un rayon,
Les morts, que Raffet déifie,
Passent, criant : Napoléon !

Ce n'était pas les morts qu'éveille
Le son du nocturne tambour,
Mais bien quelques *vieux de la vieille*
Qui célébraient le grand retour.

Depuis la suprême bataille,
L'un a maigri, l'autre a grossi ;
L'habit jadis fait à leur taille,
Est trop grand ou trop rétréci.

Nobles lambeaux, défroque épique,
Saints haillons, qu'étoile une croix,
Dans leur ridicule héroïque
Plus beaux que des manteaux de rois !

Un plumet énervé palpite
Sur leur kolbach fauve et pelé ;
Près des trous de balle, la mite
A rongé leur dolman criblé ;

Leur culotte de peau trop large
Fait mille plis sur leur fémur ;
Leur sabre rouillé, lourde charge,
Creuse le sol et bat le mur ;

Ou bien un embonpoint grotesque,
Avec grand-peine boutonné,
Fait un poussah, dont on rit presque,
Du vieux héros tout chevronné.

Ne les raillez pas, camarade ;
Saluez plutôt chapeau bas
Ces Achilles d'une Iliade
Qu'Homère n'inventerait pas.

Respectez leur tête chenue !
Sur leur front par vingt cieux bronzé,
La cicatrice continue
Le sillon que l'âge a creusé.

Leur peau, bizarrement noircie,
Dit l'Égypte aux soleils brûlants ;
Et les neiges de la Russie
Poudrent encor leurs cheveux blancs.

Si leurs mains tremblent, c'est sans doute
Du froid de la Bérésina ;
Et s'ils boitent, c'est que la route
Est longue du Caire à Wilna ;

S'ils sont perclus, c'est qu'à la guerre
Les drapeaux étaient leurs seuls draps ;
Et si leur manche ne va guère,
C'est qu'un boulet a pris leur bras.

Ne nous moquons pas de ces hommes
Qu'en riant le gamin poursuit ;
Ils furent le jour dont nous sommes
Le soir et peut-être la nuit.

Quand on oublie, ils se souviennent !
Lancier rouge et grenadier bleu,
Au pied de la colonne, ils viennent
Comme à l'autel de leur seul dieu.

Là, fiers de leur longue souffrance,
Reconnaissants des maux subis,
Ils sentent le cœur de la France
Battre sous leurs pauvres habits.

Aussi les pleurs trempent le rire
En voyant ce saint carnaval,
Cette mascarade d'empire,
Passer comme un matin de bal ;

Et l'aigle de la grande armée
Dans le ciel qu'emplit son essor,
Du fond d'une gloire enflammée,
Étend sur eux ses ailes d'or !

Tristesse en mer

Les mouettes volent et jouent :
Et les blancs coursiers de la mer,
Cabrés sur les vagues, secouent
Leurs crins échevelés dans l'air.

Le jour tombe ; une fine pluie
Éteint les fournaises du soir,
Et le steam-boat crachant la suie
Rabat son long panache noir.

Plus pâle que le ciel livide
Je vais au pays du charbon,
Du brouillard et du suicide ;
– Pour se tuer le temps est bon.

Mon désir avide se noie
Dans le gouffre amer qui blanchit ;
Le vaisseau danse, l'eau tournoie,
Le vent de plus en plus fraîchit.

Oh! je me sens l'âme navrée ;
L'Océan gonfle, en soupirant,
Sa poitrine désespérée,
Comme un ami qui me comprend.

Allons, peines d'amour perdues,
Espoirs lassés, illusions
Du socle idéal descendues,
Un saut dans les moites sillons

À la mer, souffrances passées,
Qui revenez toujours, pressant

Vos blessures cicatrisées
Pour leur faire pleurer du sang !

À la mer, spectre de mes rêves,
Regrets aux mortelles pâleurs
Dans un cœur rouge ayant sept glaives,
Comme la Mère des douleurs.

Chaque fantôme plonge et lutte
Quelques instants avec le flot
Qui sur lui ferme sa volute
Et l'engloutit dans un sanglot.

Lest de l'âme, pesant bagage.
Trésors misérables et chers,
Sombrez, et dans votre naufrage
Je vais vous suivre au fond des mers !

Bleuâtre, enflé, méconnaissable,
Bercé par le flot qui bruit,
Sur l'humide oreiller du sable
Je dormirai bien cette nuit !

… Mais une femme dans sa mante
Sur le pont assise à l'écart,
Une femme jeune et charmante
Lève vers moi son long regard.

Dans ce regard, à ma détresse
La Sympathie aux bras ouverts
Parle et sourit, sœur ou maîtresse.
Salut, yeux bleus ! bonsoir, flots verts !

Les mouettes volent et jouent ;
Et les blancs coursiers de la mer,

Cabrés sur les vagues, secouent
Leurs crins échevelés dans l'air.

À une Robe rose

Que tu me plais dans cette robe
Qui te déshabille si bien,
Faisant jaillir ta gorge en globe,
Montrant tout nu ton bras païen !

Frêle comme une aile d'abeille,
Frais comme un cœur de rose-thé,
Son tissu, caresse vermeille,
Voltige autour de ta beauté.

De l'épiderme sur la soie
Glissent des frissons argentés,
Et l'étoffe à la chair renvoie
Ses éclairs roses reflétés.

D'où te vient cette robe étrange
Qui semble faite de ta chair,
Trame vivante qui mélange
Avec ta peau son rose clair ?

Est-ce à la rougeur de l'aurore,
À la coquille de Vénus,
Au bouton de sein près d'éclore,
Que sont pris ces tons inconnus ?

Ou bien l'étoffe est-elle teinte
Dans les roses de ta pudeur ?
Non; vingt fois modelée et peinte,
Ta forme connaît sa splendeur.

Jetant le voile qui te pèse,
Réalité que l'art rêva,

Comme la princesse Borghèse
Tu poserais pour Canova.

Et ces plis roses sont les lèvres
De mes désirs inapaisés,
Mettant au corps dont tu les sèvres
Une tunique de baisers.

Le monde est méchant

Le monde est méchant, ma petite :
Avec son sourire moqueur
Il dit qu'à ton côté palpite
Une montre en place de cœur.

– Pourtant ton sein ému s'élève
Et s'abaisse comme la mer,
Aux bouillonnements de la sève
Circulant sous ta jeune chair.

Le monde est méchant, ma petite :
Il dit que tes yeux vifs sont morts
Et se meuvent dans leur orbite
À temps égaux et par ressorts.

– Pourtant une larme irisée
Tremble à tes cils, mouvant rideau,
Comme une perle de rosée
Qui n'est pas prise au verre d'eau.

Le monde est méchant, ma petite :
Il dit que tu n'as pas d'esprit,
Et que les vers qu'on te récite
Sont pour toi comme du sanscrit.

– Pourtant, sur ta bouche vermeille,
Fleur s'ouvrant et se refermant,
Le rire, intelligente abeille,
Se pose à chaque trait charmant.

C'est que tu m'aimes, ma petite,
Et que tu hais tous ces gens-là.

Quitte-moi; – comme ils diront vite :
Quel cœur et quel esprit elle a !

Inès de las Sierras

À LA PETRA CAMARA

Nodier raconte qu'en Espagne
Trois officiers cherchant un soir
Une venta dans la campagne,
Ne trouvèrent qu'un vieux manoir ;

Un vrai château d'Anne Radcliffe,
Aux plafonds que le temps ploya,
Aux vitraux rayés par la griffe
Des chauves-souris de Goya,

Aux vastes salles délabrées,
Aux couloirs livrant leur secret,
Architectures effondrées
Où Piranèse se perdrait.

Pendant le souper, que regarde
Une collection d'aïeux
Dans leurs cadres montant la garde,
Un cri répond aux chants joyeux ;

D'un long corridor en décombres,
Par la lune bizarrement
Entrecoupé de clairs et d'ombres,
Débusque un fantôme charmant ;

Peigne au chignon, basquine aux hanches,
Une femme accourt en dansant,
Dans les bandes noires et blanches
Apparaissant, disparaissant.

Avec une volupté morte,
Cambrant les reins, penchant le cou,
Elle s'arrête sur la porte,
Sinistre et belle à rendre fou.

Sa robe, passée et fripée
Au froid humide des tombeaux,
Fait luire, d'un rayon frappée,
Quelques paillons sur ses lambeaux ;

D'un pétale découronnée
À chaque soubresaut nerveux,
Sa rose, jaunie et fanée,
S'effeuille dans ses noirs cheveux.

Une cicatrice, pareille
À celle d'un coup de poignard,
Forme une couture vermeille
Sur sa gorge d'un ton blafard ;

Et ses mains pâles et fluettes,
Au nez des soupeurs pleins d'effroi
Entrechoquent les castagnettes,
Comme des dents claquant de froid.

Elle danse, morne bacchante,
La cachucha sur un vieil air,
D'une grâce si provocante,
Qu'on la suivrait même en enfer.

Ses cils palpitent sur ses joues
Comme des ailes d'oiseau noir,
Et sa bouche arquée a des moues
À mettre un saint au désespoir.

Quand de sa jupe qui tournoie
Elle soulève le volant,
Sa jambe, sous le bas de soie,
Prend des lueurs de marbre blanc.

Elle se penche jusqu'à terre,
Et sa main, d'un geste coquet,
Comme on fait des fleurs d'un parterre,
Groupe les désirs en bouquet.

Est-ce un fantôme ? est-ce une femme ?
Un rêve, une réalité,
Qui scintille comme une flamme
Dans un tourbillon de beauté ?

Cette apparition fantasque,
C'est l'Espagne du temps passé,
Aux frissons du tambour de basque
S'élançant de son lit glacé,

Et, brusquement ressuscitée
Dans un suprême boléro,
Montrant sous sa jupe argentée
La *divisa* prise au taureau.

La cicatrice qu'elle porte,
C'est le coup de grâce donné
À la génération morte
Par chaque siècle nouveau-né.

J'ai vu ce fantôme au Gymnase,
Où Paris entier l'admira,
Lorsque dans son linceul de gaze
Parut la Petra Camara,

Impassible et passionnée,
Fermant ses yeux morts de langueur,
Et comme Inès l'assassinée,
Dansant, un poignard dans le cœur !

Odelette anacréontique

Pour que je t'aime, ô mon poète,
Ne fais pas fuir par trop d'ardeur
Mon amour, colombe inquiète,
Au ciel rose de la pudeur.

L'oiseau qui marche dans l'allée
S'effraye et part au moindre bruit ;
Ma passion est chose ailée
Et s'envole quand on la suit.

Muet comme l'Hermès de marbre,
Sous la charmille pose-toi,
Tu verras bientôt de son arbre
L'oiseau descendre sans effroi.

Tes tempes sentiront près d'elles,
Avec des souffles de fraîcheur,
Une palpitation d'ailes
Dans un tourbillon de blancheur,

Et la colombe apprivoisée
Sur ton épaule s'abattra,
Et son bec à pointe rosée
De ton baiser s'enivrera.

Fumée

Là-bas, sous les arbres s'abrite
Une chaumière au dos bossu ;
Le toit penche, le mur s'effrite,
Le seuil de la porte est moussu.

La fenêtre, un volet la bouche,
Mais du taudis, comme au temps froid
La tiède haleine d'une bouche,
La respiration se voit.

Un tire-bouchon de fumée,
Tournant son mince filet bleu,
De l'âme en ce bouge enfermée
Porte des nouvelles à Dieu.

Apollonie

J'aime ton nom d'Apollonie,
Écho grec du sacré vallon,
Qui, dans sa robuste harmonie,
Te baptise sœur d'Apollon.

Sur la lyre au plectre d'ivoire,
Ce nom splendide et souverain,
Beau comme l'amour et la gloire,
Prend des résonnances d'airain.

Classique, il fait plonger les Elfes
Au fond de leur lac allemand,
Et seule la Pythie à Delphes
Pourrait le porter dignement,

Quand relevant sa robe antique
Elle s'assoit au trépied d'or,
Et dans sa pose fatidique
Attend le dieu qui tarde encor.

L'Aveugle

Un aveugle au coin d'une borne,
Hagard comme au jour un hibou,
Sur son flageolet, d'un air morne,
Tâtonne en se trompant de trou,

Et joue un ancien vaudeville
Qu'il fausse imperturbablement ;
Son chien le conduit par la ville,
Spectre diurne à l'œil dormant.

Les jours sur lui passent sans luire ;
Sombre, il entend le monde obscur,
Et la vie invisible bruire
Comme un torrent derrière un mur !

Dieu sait quelles chimères noires
Hantent cet opaque cerveau !
Et quels illisibles grimoires
L'idée écrit en ce caveau !

Ainsi dans les puits de Venise,
Un prisonnier à demi fou,
Pendant sa nuit qui s'éternise,
Grave des mots avec un clou.

Mais peut-être aux heures funèbres,
Quand la mort souffle le flambeau,
L'âme habituée aux ténèbres
Y verra clair dans le tombeau !

Lied

Au mois d'avril, la terre est rose
Comme la jeunesse et l'amour ;
Pucelle encore, à peine elle ose
Payer le Printemps de retour.

Au mois de juin, déjà plus pâle
Et le cœur de désir troublé,
Avec l'Été tout brun de hâle
Elle se cache dans le blé.

Au mois d'août, bacchante enivrée,
Elle offre à l'Automne son sein,
Et, roulant sur la peau tigrée,
Fait jaillir le sang du raisin.

En décembre, petite vieille,
Par les frimas poudrée à blanc,
Dans ses rêves elle réveille
L'Hiver auprès d'elle ronflant.

Fantaisies d'hiver

I

Le nez rouge, la face blême,
Sur un pupitre de glaçons,
L'Hiver exécute son thème
Dans le quatuor des saisons.

Il chante d'une voix peu sûre
Des airs vieillots et chevrotants ;
Son pied glacé bat la mesure
Et la semelle en même temps ;

Et comme Hændel, dont la perruque
Perdait sa farine en tremblant,
Il fait envoler de sa nuque
La neige qui la poudre à blanc.

II

Dans le bassin des Tuileries,
Le cygne s'est pris en nageant,
Et les arbres, comme aux féeries,
Sont en filigrane d'argent.

Les vases ont des fleurs de givre,
Sous la charmille aux blancs réseaux ;
Et sur la neige on voit se suivre
Les pas étoilés des oiseaux.

Au piédestal où, court-vêtue,
Vénus coudoyait Phocion,

L'Hiver a posé pour statue
La Frileuse de Clodion.

III

Les femmes passent sous les arbres
En martre, hermine et menu-vair.
Et les déesses, frileux marbres,
Ont pris aussi l'habit d'hiver.

La Vénus Anadyomène
Est en pelisse à capuchon ;
Flore, que la brise malmène,
Plonge ses mains dans son manchon.

Et pour la saison, les bergères
De Coysevox et de Coustou,
Trouvant leurs écharpes légères,
Ont des boas autour du cou.

IV

Sur la mode parisienne
Le Nord pose ses manteaux lourds,
Comme sur une Athénienne
Un Scythe étendrait sa peau d'ours.

Partout se mélange aux parures
Dont Palmyre habille l'Hiver,
Le faste russe des fourrures
Que parfume le vétiver.

Et le Plaisir rit dans l'alcôve
Quand, au milieu des Amours nus,

Des poils roux d'une bête fauve
Sort le torse blanc de Vénus.

V

Sous le voile qui vous protège
Défiant les regards jaloux,
Si vous sortez par cette neige,
Redoutez vos pieds andalous ;

La neige saisit comme un moule
L'empreinte de ce pied mignon
Qui, sur le tapis blanc qu'il foule,
Signe, à chaque pas, votre nom.

Ainsi guidé, l'époux morose
Peut parvenir au nid caché
Où, de froid la joue encor rose,
À l'Amour s'enlace Psyché.

La Source

Tout près du lac filtre une source,
Entre deux pierres, dans un coin ;
Allégrement l'eau prend sa course
Comme pour s'en aller bien loin.

Elle murmure : Oh ! quelle joie !
Sous la terre il faisait si noir !
Maintenant ma rive verdoie,
Le ciel se mire à mon miroir.

Les myosotis aux fleurs bleues
Me disent : Ne m'oubliez pas !
Les libellules de leurs queues
M'égratignent dans leurs ébats ;

À ma coupe l'oiseau s'abreuve ;
Qui sait ? – Après quelques détours
Peut-être deviendrai-je un fleuve
Baignant vallons, rochers et tours.

Je broderai de mon écume
Ponts de pierre, quais de granit,
Emportant le steamer qui fume
À l'Océan où tout finit.

Ainsi la jeune source jase,
Formant cent projets d'avenir ;
Comme l'eau qui bout dans un vase,
Son flot ne peut se contenir ;

Mais le berceau touche à la tombe,
Le géant futur meurt petit ;

Née à peine, la source tombe
Dans le grand lac qui l’engloutit !

Bûchers et Tombeaux

Le squelette était invisible
Au temps heureux de l'Art païen ;
L'homme, sous la forme sensible,
Content du beau, ne cherchait rien.

Pas de cadavre sous la tombe,
Spectre hideux de l'être cher,
Comme d'un vêtement qui tombe
Se déshabillant de sa chair,

Et, quand la pierre se lézarde,
Parmi les épouvantements,
Montrant à l'œil qui s'y hasarde
Une armature d'ossements ;

Mais au feu du bûcher ravie
Une pincée entre les doigts,
Résidu léger de la vie,
Qu'enserrait l'urne aux flancs étroits ;

Ce que le papillon de l'âme
Laisse de poussière après lui,
Et ce qui reste de la flamme
Sur le trépied, quand elle a lui !

Entre les fleurs et les acanthes,
Dans le marbre joyeusement,
Amours, ægipans et bacchantes
Dansaient autour du monument ;

Tout au plus un petit génie
Du pied éteignait un flambeau ;

Et l’art versait son harmonie
Sur la tristesse du tombeau.

Les tombes étaient attrayantes :
Comme on fait d’un enfant qui dort,
D’images douces et riantes
La vie enveloppait la mort ;

La mort dissimulait sa face
Aux trous profonds, au nez camard,
Dont la hideur railleuse efface
Les chimères du cauchemar.

Le monstre, sous la chair splendide
Cachait son fantôme inconnu,
Et l’œil de la vierge candide
Allait au bel éphèbe nu.

Seulement, pour pousser à boire,
Au banquet de Trimalcion,
Une larve, joujou d’ivoire,
Faisait son apparition ;

Des dieux que l’art toujours révère
Trônaient au ciel marmoréen ;
Mais l’Olympe cède au Calvaire,
Jupiter au Nazaréen ;

Une voix dit : Pan est mort ! – L’ombre
S’étend. – Comme sur un drap noir,
Sur la tristesse immense et sombre
Le blanc squelette se fait voir ;

Il signe les pierres funèbres
De son paraphe de fémurs,

Pend son chapelet de vertèbres
Dans les charniers, le long des murs ;

Des cercueils lève le couvercle
Avec ses bras aux os pointus ;
Dessine ses côtes en cercle
Et rit de son large rictus ;

Il pousse à la danse macabre
L'empereur, le pape et le roi,
Et de son cheval qui se cabre
Jette bas le preux plein d'effroi ;

Il entre chez la courtisane
Et fait des mines au miroir,
Du malade il boit la tisane,
De l'avare ouvre le tiroir ;

Piquant l'attelage qui rue
Avec un os pour aiguillon,
Du laboureur à la charrue
Termine en fosse le sillon ;

Et, parmi la foule priée,
Hôte inattendu, sous le banc,
Vole à la pâle mariée
Sa jarretière de ruban.

À chaque pas grossit la bande ;
Le jeune au vieux donne la main ;
L'irrésistible sarabande
Met en branle le genre humain.

Le spectre en tête se déhanche,
Dansant et jouant du rebec,

Et sur fond noir, en couleur blanche,
Holbein l'esquisse d'un trait sec.

Quand le siècle devient frivole
Il suit la mode; en tonnelet
Retrousse son linceul et vole
Comme un Cupidon de ballet.

Au tombeau-sofa des marquises
Qui reposent, lasses d'amour,
En des attitudes exquises,
Dans les chapelles Pompadour.

Mais voile-toi, masque sans joues,
Comédien que le ver mord,
Depuis assez longtemps tu joues
Le mélodrame de la Mort !

Reviens, reviens, bel art antique,
De ton paros étincelant
Couvrir ce squelette gothique ;
Dévore-le, bûcher brûlant !

Si nous sommes une statue
Sculptée à l'image de Dieu,
Quand cette image est abattue,
Jetons-en les débris au feu.

Toi, forme immortelle, remonte
Dans la flamme aux sources du beau,
Sans que ton argile ait la honte
Et les misères du tombeau !

Le Souper des Armures

Biorn, étrange cénobite,
Sur le plateau d'un roc pelé,
Hors du temps et du monde, habite
La tour d'un burg démantelé.

De sa porte l'esprit moderne
En vain soulève le marteau.
Biorn verrouille sa poterne
Et barricade son château.

Quand tous ont les yeux vers l'aurore,
Biorn, sur son donjon perché,
À l'horizon contemple encore
La place du soleil couché.

Âme rétrospective, il loge
Dans son burg et dans le passé ;
Le pendule de son horloge
Depuis des siècles est cassé.

Sous ses ogives féodales
Il erre, éveillant les échos,
Et ses pas, sonnant sur les dalles,
Semblent suivis de pas égaux.

Il ne voit ni laïcs, ni prêtres,
Ni gentilshommes, ni bourgeois,
Mais les portraits de ses ancêtres
Causent avec lui quelquefois.

Et certains soirs, pour se distraire,
Trouvant manger seul ennuyeux,

Biorn, caprice funéraire,
Invite à souper ses aïeux.

Les fantômes, quand minuit sonne,
Viennent armés de pied en cap ;
Biorn, qui malgré lui frissonne,
Salue en haussant son hanap.

Pour s'asseoir, chaque panoplie
Fait un angle avec son genou,
Dont l'articulation plie
En grinçant comme un vieux verrou ;

Et tout d'une pièce, l'armure,
D'un corps absent, gauche cercueil,
Rendant un creux et sourd murmure,
Tombe entre les bras du fauteuil.

Landgraves, rhingraves, burgraves,
Venus du ciel ou de l'enfer,
Ils sont tous là, muets et graves,
Les roides convives de fer !

Dans l'ombre, un rayon fauve indique
Un monstre, guivre, aigle à deux cous,
Pris au bestiaire héraldique
Sur les cimiers faussés de coups.

Du mufle des bêtes difformes
Dressant leurs ongles arrogants,
Partent des panaches énormes,
Des lambrequins extravagants ;

Mais les casques ouverts sont vides
Comme les timbres du blason ;

Seulement deux flammes livides
Y luisent d'étrange façon.

Toute la ferraille est assise
Dans la salle du vieux manoir,
Et, sur le mur, l'ombre indécise
Donne à chaque hôte un page noir.

Les liqueurs aux feux des bougies
Ont des pourpres d'un ton suspect ;
Les mets dans leurs sauces rougies
Prennent un singulier aspect.

Parfois un corselet miroite,
Un morion brille un moment ;
Une pièce qui se déboîte
Choit sur la nappe lourdement.

L'on entend les battements d'ailes
D'invisibles chauves-souris,
Et les drapeaux des infidèles
Palpitent le long du lambris.

Avec des mouvements fantasques
Courbant leurs phalanges d'airain,
Les gantelets versent aux casques
Des rasades de vin du Rhin,

Ou découpent au fil des dagues
Des sangliers sur des plats d'or…
Cependant passent des bruits vagues
Par les orgues du corridor.

La débauche devient farouche,
On n'entendrait pas tonner Dieu ;

Car, lorsqu'un fantôme découche,
C'est le moins qu'il s'amuse un peu.

Et la fantastique assemblée
Se tracassant dans son harnois,
L'orgie a sa rumeur doublée
Du tintamarre des tournois.

Gobelets, hanaps, vidrecomes,
Vidés toujours, remplis en vain
Entre les mâchoires des heaumes
Forment des cascades de vin.

Les hauberts en bombent leurs ventres,
Et le flot monte aux gorgerins ;
– Ils sont tous gris comme des chantres,
Les vaillants comtes suzerains !

L'un allonge dans la salade
Nonchalamment ses pédieux,
L'autre à son compagnon malade
Fait un sermon fastidieux.

Et des armures peu bégueules
Rappellent, dardant leur boisson,
Les lions lampassés de gueules
Blasonnés sur leur écusson.

D'une voix encore enrouée
Par l'humidité du caveau,
Max fredonne, ivresse enjouée,
Un lied, en treize cents, nouveau.

Albrecht, ayant le vin féroce,
Se querelle avec ses voisins,

Qu'il martèle, bossue et rosse,
Comme il faisait des Sarrasins.

Échauffé, Fritz ôte son casque,
Jadis par un crâne habité,
Ne pensant pas que sans son masque
Il semble un tronc décapité.

Bientôt ils roulent pêle-mêle
Sous la table, parmi les brocs,
Tête en bas, montrant la semelle
De leurs souliers courbés en crocs.

C'est un hideux champ de bataille
Où les pots heurtent les armets,
Où chaque mort par quelque entaille,
Au lieu de sang vomit des mets,

Et Biorn, le poing sur la cuisse,
Les contemple, morne et hagard,
Tandis que, par le vitrail suisse,
L'aube jette son bleu regard.

La troupe, qu'un rayon traverse,
Pâlit comme au jour un flambeau,
Et le plus ivrogne se verse
Le coup d'étrier du tombeau.

Le coq chante, les spectres fuient
Et, reprenant un air hautain,
Sur l'oreiller de marbre appuient
Leurs têtes lourdes du festin !

La Montre

Deux fois je regarde ma montre,
Et deux fois à mes yeux distraits
L'aiguille au même endroit se montre ;
Il est une heure… une heure après.

La figure de la pendule
En rit dans le salon voisin,
Et le timbre d'argent module
Deux coups vibrant comme un tocsin.

Le cadran solaire me raille
En m'indiquant, de son long doigt,
Le chemin que sur la muraille
À fait son ombre qui s'accroît.

Le clocher avec ironie
Dit le vrai chiffre et le beffroi,
Reprenant la note finie,
À l'air de se moquer de moi.

Tiens ! la petite bête est morte.
Je n'ai pas mis hier encor,
Tant ma rêverie était forte,
Au trou de rubis la clef d'or !

Et je ne vois plus dans sa boîte,
Le fin ressort du balancier
Aller, venir, à gauche, à droite,
Ainsi qu'un papillon d'acier.

C'est bien de moi ! Quand je chevauche
L'Hippogriffe, au pays du Bleu,

Mon corps sans âme se débauche,
Et s'en va comme il plaît à Dieu !

L'éternité poursuit son cercle
Autour de ce cadran muet,
Et le temps, l'oreille au couvercle,
Cherche ce cœur qui remuait ;

Ce cœur que l'enfant croit en vie,
Et dont chaque pulsation
Dans notre poitrine est suivie
D'une égale vibration,

Il ne bat plus, mais son grand frère
Toujours palpite à mon côté.
– Celui que rien ne peut distraire,
Quand je dormais, l'a remonté !

Les Néréides

J'ai dans ma chambre une aquarelle
Bizarre, et d'un peintre avec qui
Mètre et rime sont en querelle,
– Théophile Kniatowski.

Sur l'écume blanche qui frange
Le manteau glauque de la mer
Se groupent en bouquet étrange
Trois nymphes fleurs du gouffre amer.

Comme des lis noyés, la houle
Fait dans sa volute d'argent
Danser leurs beaux corps qu'elle roule,
Les élevant, les submergeant.

Sur leurs têtes blondes, coiffées
De pétoncles et de roseaux,
Elles mêlent, coquettes fées,
L'écrin et la flore des eaux.

Vidant sa nacre, l'huître à perle
Constelle de son blanc trésor
Leur gorge, où le flot qui déferle
Suspend d'autres perles encor.

Et, jusqu'aux hanches soulevées
Par le bras des Tritons nerveux,
Elles luisent, d'azur lavées,
Sous l'or vert de leurs longs cheveux.

Plus bas, leur blancheur sous l'eau bleue
Se glace d'un visqueux frisson,

Et le torse finit en queue,
Moitié femme, moitié poisson.

Mais qui regarde la nageoire
Et les reins aux squameux replis,
En voyant les bustes d'ivoire
Par le baiser des mers polis ?

À l'horizon, – piquant mélange
De fable et de réalité, –
Paraît un vaisseau qui dérange
Le chœur marin épouvanté.

Son pavillon est tricolore ;
Son tuyau vomit la vapeur ;
Ses aubes fouettent l'eau sonore,
Et les nymphes plongent de peur.

Sans crainte elles suivaient par troupes
Les trirèmes de l'Archipel,
Et les dauphins, arquant leurs croupes,
D'Arion attendaient l'appel.

Mais le steam-boat avec ses roues,
Comme Vulcain battant Vénus,
Souffletterait leurs belles joues
Et meurtrirait leurs membres nus.

Adieu, fraîche mythologie !
Le paquebot passe et, de loin,
Croit voir sur la vague élargie
Une culbute de marsouin.

Les Accroche-cœurs

Ravivant les langueurs nacrées
De tes yeux battus et vainqueurs,
En mèches de parfum lustrées
Se courbent deux accroche-cœurs.

À voir s'arrondir sur tes joues
Leurs orbes tournés par tes doigts,
On dirait les petites roues
Du char de Mab fait d'une noix ;

Ou l'arc de l'Amour dont les pointes,
Pour une flèche à décocher,
En cercle d'or se sont rejointes
À la tempe du jeune archer.

Pourtant un scrupule me trouble,
Je n'ai qu'un cœur, alors pourquoi,
Coquette, un accroche-cœur double ?
Qui donc y pends-tu près de moi ?

La Rose-Thé

La plus délicate des roses
Est, à coup sûr, la rose-thé.
Son bouton aux feuilles mi-closes
De carmin à peine est teinté.

On dirait une rose blanche
Qu'aurait fait rougir de pudeur,
En la lutinant sur la branche,
Un papillon trop plein d'ardeur.

Son tissu rose et diaphane
De la chair a le velouté ;
Auprès, tout incarnat se fane
Ou prend de la vulgarité.

Comme un teint aristocratique
Noircit les fronts bruns de soleil,
De ses sœurs elle rend rustique
Le coloris chaud et vermeil.

Mais, si votre main qui s'en joue,
À quelque bal, pour son parfum,
La rapproche de votre joue,
Son frais éclat devient commun.

Il n'est pas de rose assez tendre
Sur la palette du printemps,
Madame, pour oser prétendre
Lutter contre vos dix-sept ans.

La peau vaut mieux que le pétale,
Et le sang pur d'un noble cœur

Qui sur la jeunesse s'étale,
De tous les roses est vainqueur !

Carmen

Carmen est maigre, – un trait de bistre
Cerne son œil de gitana.
Ses cheveux sont d'un noir sinistre,
Sa peau, le diable la tanna.

Les femmes disent qu'elle est laide,
Mais tous les hommes en sont fous :
Et l'archevêque de Tolède
Chante la messe à ses genoux ;

Car sur sa nuque d'ambre fauve
Se tord un énorme chignon
Qui, dénoué, fait dans l'alcôve
Une mante à son corps mignon.

Et, parmi sa pâleur, éclate
Une bouche aux rires vainqueurs ;
Piment rouge, fleur écarlate,
Qui prend sa pourpre au sang des cœurs.

Ainsi faite, la moricaude
Bat les plus altières beautés,
Et de ses yeux la lueur chaude
Rend la flamme aux satiétés.

Elle a, dans sa laideur piquante,
Un grain de sel de cette mer
D'où jaillit, nue et provocante,
L'âcre Vénus du gouffre amer.

Ce que disent les hirondelles

Chanson d'automne

Déjà plus d'une feuille sèche
Parsème les gazons jaunis ;
Soir et matin, la brise est fraîche,
Hélas ! les beaux jours sont finis !

On voit s'ouvrir les fleurs que garde
Le jardin, pour dernier trésor :
Le dahlia met sa cocarde
Et le souci sa toque d'or.

La pluie au bassin fait des bulles ;
Les hirondelles sur le toit
Tiennent des conciliabules :
Voici l'hiver, voici le froid !

Elles s'assemblent par centaines,
Se concertant pour le départ.
L'une dit « Oh ! que dans Athènes
Il fait bon sur le vieux rempart !

Tous les ans j'y vais et je niche
Aux métopes du Parthénon.
Mon nid bouche dans la corniche
Le trou d'un boulet de canon. »

L'autre : « J'ai ma petite chambre
À Smyrne, au plafond d'un café.
Les Hadjis comptent leurs grains d'ambre
Sur le seuil, d'un rayon chauffé.

J'entre et je sors, accoutumée
Aux blondes vapeurs des chibouchs,
Et parmi des flots de fumée,
Je rase turbans et tarbouchs. »

Celle-ci : J'habite un triglyphe
Au fronton d'un temple, à Balbeck.
Je m'y suspends avec ma griffe
Sur mes petits au large bec.

Celle-là : « Voici mon adresse :
Rhodes, palais des chevaliers ;
Chaque hiver, ma tente s'y dresse
Au chapiteau des noirs piliers. »

La cinquième : « Je ferai halte,
Car l'âge m'alourdit un peu,
Aux blanches terrasses de Malte,
Entre l'eau bleue et le ciel bleu. »

La sixième : « Qu'on est à l'aise
Au Caire, en haut des minarets !
J'empâte un ornement de glaise,
Et mes quartiers d'hiver sont prêts. »

« À la seconde cataracte,
Fait la dernière, j'ai mon nid ;
J'en ai noté la place exacte,
Dans le pschent d'un roi de granit. »

Toutes : « Demain combien de lieues
Auront filé sous notre essaim,
Plaines brunes, pics blancs, mers bleues
Brodant d'écume leur bassin ! »

Avec cris et battements d'ailes,
Sur la moulure aux bords étroits,
Ainsi jasent les hirondelles,
Voyant venir la rouille aux bois.

Je comprends tout ce qu'elles disent,
Car le poète est un oiseau ;
Mais, captif, ses élans se brisent
Contre un invisible réseau !

Des ailes ! des ailes ! des ailes !
Comme dans le chant de Ruckert,
Pour voler, là-bas avec elles
Au soleil d'or, au printemps vert !

Noël

Le ciel est noir, la terre est blanche ;
– Cloches, carillonnez gaiement !
Jésus est né; – la Vierge penche
Sur lui son visage charmant.

Pas de courtines festonnées
Pour préserver l'enfant du froid ;
Rien que les toiles d'araignées
Qui pendent des poutres du toit.

Il tremble sur la paille fraîche,
Ce cher petit enfant Jésus,
Et pour l'échauffer dans sa crèche
L'âne et le bœuf soufflent dessus.

La neige au chaume coud ses franges,
Mais sur le toit s'ouvre le ciel
Et, tout en blanc, le chœur des anges
Chante aux bergers : « *Noël ! Noël !* »

Les Joujoux de la Morte

La petite Marie est morte,
Et son cercueil est si peu long
Qu'il tient sous le bras qui l'emporte
Comme un étui de violon.

Sur le tapis et sur la table
Traîne l'héritage enfantin.
Les bras ballants, l'air lamentable,
Tout affaissé, gît le pantin.

Et si la poupée est plus ferme,
C'est la faute de son bâton ;
Dans son œil une larme germe,
Un soupir gonfle son carton.

Une dînette abandonnée
Mêle ses plats de bois verni
À la troupe désarçonnée
Des écuyers de Franconi.

La boîte à musique est muette ;
Mais, quand on pousse le ressort
Où se posait sa main fluette,
Un murmure plaintif en sort.

L'émotion chevrote et tremble
Dans : *Ah ! vous dirai-je maman !*
Le *Quadrille des Lanciers* semble
Triste comme un enterrement.

Et des pleurs vous mouillent la joue
Quand *la Donna è mobile,*

Sur le rouleau qui tourne et joue,
Expire avec un son filé.

Le cœur se navre à ce mélange
Puérilement douloureux,
Joujoux d'enfant laissés par l'ange,
Berceau que la tombe a fait creux !

Après le Feuilleton

Mes colonnes sont alignées
Au portique du feuilleton ;
Elles supportent résignées
Du journal le pesant fronton.

Jusqu'à lundi je suis mon maître.
Au diable chefs-d'œuvre mort-nés !
Pour huit jours je puis me permettre
De vous fermer la porte au nez.

Les ficelles des mélodrames
N'ont plus le droit de se glisser
Parmi les fils soyeux des trames
Que mon caprice aime à tisser.

Voix de l'âme et de la nature,
J'écouterai vos purs sanglots,
Sans que les couplets de facture
M'étourdissent de leurs grelots.

Et portant, dans mon verre à côtes,
La santé du temps disparu,
Avec mes vieux rêves pour hôtes
Je boirai le vin de mon cru :

Le vin de ma propre pensée,
Vierge de toute autre liqueur,
Et que, par la vie écrasée,
Répand la grappe de mon cœur !

Le Château du Souvenir

La main au front, le pied dans l'âtre,
Je songe et cherche à revenir,
Par-delà le passé grisâtre,
Au vieux château du Souvenir.

Une gaze de brume estompe
Arbres, maisons, plaines, coteaux,
Et l'œil au carrefour qui trompe
En vain consulte les poteaux.

J'avance parmi les décombres
De tout un monde enseveli,
Dans le mystère des pénombres,
À travers des limbes d'oubli.

Mais voici, blanche et diaphane,
La Mémoire, au bord du chemin,
Qui me remet, comme Ariane,
Son peloton de fil en main.

Désormais la route est certaine ;
Le soleil voilé reparaît,
Et du château la tour lointaine
Pointe au-dessus de la forêt.

Sous l'arcade ou le jour s'émousse,
De feuilles en feuilles tombant,
Le sentier ancien dans la mousse
Trace encor son étroit ruban.

Mais la ronce en travers s'enlace ;
La liane tend son filet,

Et la branche que je déplace
Revient et me donne un soufflet.

Enfin au bout de la clairière,
Je découvre du vieux manoir
Les tourelles en poivrière
Et les hauts toits en éteignoir.

Sur le comble aucune fumée
Rayant le ciel d'un bleu sillon ;
Pas une fenêtre allumée
D'une figure ou d'un rayon.

Les chaînes du pont sont brisées ;
Aux fossés la lentille d'eau
De ses taches vert-de-grisées
Étale le glauque rideau.

Des tortuosités de lierre
Pénètrent dans chaque refend,
Payant la tour hospitalière
Qui les soutient… en l'étouffant.

Le porche à la lune se ronge,
Le temps le sculpte à sa façon,
Et la pluie a passé l'éponge
Sur les couleurs de mon blason.

Tout ému, je pousse la porte
Qui cède et geint sur ses pivots ;
Un air froid en sort et m'apporte
Le fade parfum des caveaux.

L'ortie aux morsures aiguës.
La bardane aux larges contours,

Sous les ombelles des ciguës,
Prospèrent dans l'angle des cours.

Sur les deux chimères de marbre,
Gardiennes du perron verdi,
Se découpe l'ombre d'un arbre
Pendant mon absence grandi.

Levant leurs pattes de lionne
Elles se mettent en arrêt.
Leur regard blanc me questionne,
Mais je leur dis le mot secret.

Et je passe. – Dressant sa tête,
Le vieux chien retombe assoupi,
Et mon pas sonore inquiète
L'écho dans son coin accroupi.

Un jour louche et douteux se glisse
Aux vitres jaunes du salon
Où figurent, en haute lisse,
Les aventures d'Apollon.

Daphné, les hanches dans l'écorce,
Étend toujours ses doigts touffus ;
Mais aux bras du dieu qui la force
Elle s'éteint, spectre confus.

Apollon, chez Admète, garde
Un troupeau, des mites atteint ;
Les neuf Muses, troupe hagarde,
Pleurent sur un Pinde déteint ;

Et la Solitude en chemise
Trace au doigt le mot : « Abandon »

Dans la poudre qu'elle tamise
Sur le marbre du guéridon.

Je retrouve au long des tentures,
Comme des hôtes endormis,
Pastels blafards, sombres peintures,
Jeunes beautés et vieux amis.

Ma main tremblante enlève un crêpe
Et je vois mon défunt amour,
Jupons bouffants, taille de guêpe,
La Cidalise en Pompadour !

Un bouton de rose s'entrouvre
À son corset enrubanné,
Dont la dentelle à demi couvre
Un sein neigeux d'azur veiné.

Ses yeux ont de moites paillettes,
Comme aux feuilles que le froid mord,
La pourpre monte à ses pommettes,
Éclat trompeur, fard de la mort !

Elle tressaille à mon approche,
Et son regard, triste et charmant,
Sur le mien d'un air de reproche,
Se fixe douloureusement.

Bien que la vie au loin m'emporte,
Ton nom dans mon cœur est marqué,
Fleur de pastel, gentille morte,
Ombre en habit de bal masqué !

La nature de l'art jalouse,
Voulant dépasser Murillo,

À Paris créa l'Andalouse
Qui rit dans le second tableau.

Par un caprice poétique,
Notre climat brumeux para
D'une grâce au charme exotique
Cette autre Petra Camara.

De chaudes teintes orangées
Dorent sa joue au fard vermeil ;
Ses paupières de jais frangées
Filtrent des rayons de soleil.

Entre ses lèvres d'écarlate
Scintille un éclair argenté,
Et sa beauté splendide éclate
Comme une grenade en été.

Au son des guitares d'Espagne
Ma voix longtemps la célébra.
Elle vint un jour, sans compagne,
Et ma chambre fut l'Alhambra.

Plus loin une beauté robuste,
Aux bras forts cerclés d'anneaux lourds,
Sertit le marbre de son buste
Dans les perles et le velours.

D'un air de reine qui s'ennuie
Au sein de sa cour à genoux,
Superbe et distraite, elle appuie
La main sur un coffre à bijoux.

Sa bouche humide et sensuelle
Semble rouge du sang des cœurs,

Et, pleins de volupté cruelle,
Ses yeux ont des défis vainqueurs.

Ici, plus de grâce touchante,
Mais un attrait vertigineux.
On dirait la Vénus méchante
Qui préside aux amours haineux.

Cette Vénus, mauvaise mère,
Souvent a battu Cupidon.
Ô toi, qui fus ma joie amère,
Adieu pour toujours… et pardon !

Dans son cadre, que l'ombre moire,
Au lieu de réfléchir mes traits,
La glace ébauche de mémoire
Le plus ancien de mes portraits.

Spectre rétrospectif qui double
Un type à jamais effacé,
Il sort du fond du miroir trouble
Et des ténèbres du passé.

Dans son pourpoint de satin rose,
Qu'un goût hardi coloria,
Il semble chercher une pose
Pour Boulanger ou Devéria.

Terreur du bourgeois glabre et chauve
Une chevelure à tous crins
De roi franc ou de lion fauve
Roule en torrent jusqu'à ses reins.

Tel, romantique opiniâtre,
Soldat de l'art qui lutte encor,

Il se ruait vers le théâtre
Quand d'Hernani sonnait le cor.

… La nuit tombe et met avec l'ombre
Ses terreurs aux recoins dormants.
L'inconnu, machiniste sombre,
Monte ses épouvantements.

Des explosions de bougies
Crèvent soudain sur les flambeaux !
Leurs auréoles élargies
Semblent des lampes de tombeaux.

Une main d'ombre ouvre la porte
Sans en faire grincer la clé.
D'hôtes pâles qu'un souffle apporte
Le salon se trouve peuplé.

Les portraits quittent la muraille,
Frottant de leurs mouchoirs jaunis,
Sur leur visage qui s'éraille,
La crasse fauve du vernis.

D'un reflet rouge illuminée,
La bande se chauffe les doigts
Et fait cercle à la cheminée
Où tout à coup flambe le bois.

L'image au sépulcre ravie
Perd son aspect roide et glacé ;
La chaude pourpre de la vie
Remonte aux veines du passé.

Les masques blafards se colorent
Comme au temps où je les connus.

Ô vous que mes regrets déplorent,
Amis, merci d'être venus !

Les vaillants de dix-huit cent trente,
Je les revois tels que jadis.
Comme les pirates d'Otrante
Nous étions cent, nous sommes dix.

L'un étale sa barbe rousse
Comme Frédéric dans son roc,
L'autre superbement retrousse
Le bout de sa moustache en croc.

Drapant sa souffrance secrète
Sous les fiertés de son manteau,
Pétrus fume une cigarette
Qu'il baptise papelito.

Celui-ci me conte ses rêves,
Hélas ! jamais réalisés,
Icare tombé sur les grèves
Où gisent les essors brisés.

Celui-là me confie un drame
Taillé sur le nouveau patron
Qui fait, mêlant tout dans sa trame,
Causer Molière et Calderon.

Tom, qu'un abandon scandalise,
Récite « Love's labours lost »,
Et Fritz explique à Cidalise
Le « Walpurgisnachtstraum » de Faust.

Mais le jour luit à la fenêtre ;
Et les spectres, moins arrêtés,

Laissent les objets transparaître
Dans leurs diaphanéités.

Les cires fondent consumées ;
Sous les cendres s'éteint le feu,
Du parquet montent des fumées ;
Château du Souvenir, adieu !

Encore une autre fois décembre
Va retourner le sablier.
Le présent entre dans ma chambre
Et me dit en vain d'oublier.

Camélia et Paquerette

On admire les fleurs de serre
Qui loin de leur soleil natal,
Comme des joyaux mis sous verre,
Brillent sous un ciel de cristal.

Sans que les brises les effleurent
De leurs baisers mystérieux,
Elles naissent, vivent et meurent
Devant le regard curieux.

À l'abri de murs diaphanes,
De leur sein ouvrant le trésor,
Comme de belles courtisanes,
Elles se vendent à prix d'or.

La porcelaine de la Chine
Les reçoit par groupes coquets,
Ou quelque main gantée et fine
Au bal les balance en bouquets.

Mais souvent parmi l'herbe verte,
Fuyant les yeux, fuyant les doigts,
De silence et d'ombre couverte,
Une fleur vit au fond des bois.

Un papillon blanc qui voltige,
Un coup d'œil au hasard jeté,
Vous fait surprendre sur sa tige
La fleur dans sa simplicité,

Belle de sa parure agreste
S'épanouissant au ciel bleu,

Et versant son parfum modeste
Pour la solitude et pour Dieu.

Sans toucher à son pur calice
Qu'agite un frisson de pudeur,
Vous respirez avec délice
Son âme dans sa fraîche odeur

Et tulipes au port superbe,
Camélias si cher payés,
Pour la petite fleur sous l'herbe,
En un instant, sont oubliés !

La Fellah

*SUR UNE AQUARELLE
DE LA PRINCESSE M…*

Caprice d'un pinceau fantasque
Et d'un impérial loisir,
Votre fellah, sphinx qui se masque,
Propose une énigme au désir.

C'est une mode bien austère
Que ce masque et cet habit long ;
Elle intrigue par son mystère
Tous les Œdipes du salon.

L'antique Isis légua ses voiles
Aux modernes filles du Nil ;
Mais, sous le bandeau, deux étoiles
Brillent d'un feu pur et subtil.

Ces yeux qui sont tout un poème
De langueur et de volupté
Disent, résolvant le problème,
« Sois l'amour, je suis la beauté. »

La Mansarde

Sur les tuiles où se hasarde
Le chat guettant l'oiseau qui boit,
De mon balcon une mansarde
Entre deux tuyaux s'aperçoit.

Pour la parer d'un faux bien-être,
Si je mentais comme un auteur,
Je pourrais faire à sa fenêtre
Un cadre de pois de senteur,

Et vous y montrer Rigolette
Riant à son petit miroir,
Dont le tain rayé ne reflète
Que la moitié de son œil noir ;

Ou, la robe encor sans agrafe,
Gorge et cheveux au vent, Margot
Arrosant avec sa carafe
Son jardin planté dans un pot ;

Ou bien quelque jeune poète
Qui scande ses vers sibyllins,
En contemplant la silhouette
De Montmartre et de ses moulins.

Par malheur, ma mansarde est vraie ;
Il n'y grimpe aucun liseron,
Et la vitre y fait voir sa taie,
Sous l'ais verdi d'un vieux chevron.

Pour la grisette et pour l'artiste,
Pour le veuf et pour le garçon,

Une mansarde est toujours triste :
Le grenier n'est beau qu'en chanson

Jadis, sous le comble dont l'angle
Penchait les fronts pour le baiser,
L'amour, content d'un lit de sangle,
Avec Suzon venait causer.

Mais pour ouater notre joie,
Il faut des murs capitonnés,
Des flots de dentelle et de soie,
Des lits par Monbro festonnés.

Un soir, n'étant pas revenue,
Margot s'attarde au mont Breda,
Et Rigolette entretenue
N'arrose plus son réséda.

Voilà longtemps que le poète,
Las de prendre la rime au vol,
S'est fait *reporter* de gazette,
Quittant le ciel pour l'entresol.

Et l'on ne voit contre la vitre
Qu'une vieille au maigre profil,
Devant Minet qu'elle chapitre,
Tirant sans cesse un bout de fil.

La Nue

À l'horizon monte une nue,
Sculptant sa forme dans l'azur :
On dirait une vierge nue
Émergeant d'un lac au flot pur.

Debout dans sa conque nacrée,
Elle vogue sur le bleu clair.
Comme une Aphrodite éthérée,
Faite de l'écume de l'air ;

On voit onder en molles poses
Son torse au contour incertain,
Et l'aurore répand des roses
Sur son épaule de satin.

Ses blancheurs de marbre et de neige
Se fondent amoureusement
Comme, au clair-obscur du Corrège,
Le corps d'Antiope dormant.

Elle plane dans la lumière
Plus haut que l'Alpe ou l'Apennin ;
Reflet de la beauté première,
Sœur de « l'éternel féminin ».

À son corps, en vain retenue,
Sur l'aile de la passion,
Mon âme vole à cette nue
Et l'embrasse comme Ixion.

La raison dit : « Vague fumée,
Où l'on croit voir ce qu'on rêva,

Ombre au gré du vent déformée,
Bulle qui crève et qui s'en va ! »

Le sentiment répond : « Qu'importe !
Qu'est-ce après tout que la beauté,
Spectre charmant qu'un souffle emporte
Et qui n'est rien, ayant été !

À l'Idéal ouvre ton âme ;
Mets dans ton cœur beaucoup de ciel,
Aime une nue, aime une femme,
Mais aime ! – C'est l'essentiel ! »

Le Merle

Un oiseau siffle dans les branches
Et sautille gai, plein d'espoir,
Sur les herbes, de givre blanches,
En bottes jaunes, en frac noir.

C'est un merle, chanteur crédule.
Ignorant du calendrier,
Qui rêve soleil, et module
L'hymne d'avril en février.

Pourtant il vente, il pleut à verse ;
L'Arve jaunit le Rhône bleu,
Et le salon, tendu de perse,
Tient tous ses hôtes près du feu.

Les monts sur l'épaule ont l'hermine,
Comme des magistrats siégeant ;
Leur blanc tribunal examine
Un cas d'hiver se prolongeant.

Lustrant son aile qu'il essuie,
L'oiseau persiste en sa chanson,
Malgré neige, brouillard et pluie,
Il croit à la jeune saison.

Il gronde l'aube paresseuse
De rester au lit si longtemps
Et, gourmandant la fleur frileuse,
Met en demeure le printemps.

Il voit le jour derrière l'ombre ;
Tel un croyant dans le saint lieu,

L'autel désert, sous la nef sombre,
Avec sa foi voit toujours Dieu.

À la nature il se confie,
Car son instinct pressent la loi.
Qui rit de ta philosophie,
Beau merle, est moins sage que toi !

La Fleur qui fait le Printemps

Les marronniers de la terrasse
Vont bientôt fleurir, à Saint-Jean,
La villa d'où la vue embrasse
Tant de monts bleus coiffés d'argent.

La feuille, hier encor pliée
Dans son étroit corset d'hiver,
Met sur la branche déliée
Les premières touches de vert.

Mais en vain le soleil excite
La sève des rameaux trop lents ;
La fleur retardataire hésite
À faire voir ses thyrses blancs.

Pourtant le pêcher est tout rose,
Comme un désir de la pudeur,
Et le pommier, que l'aube arrose,
S'épanouit dans sa candeur.

La véronique s'aventure
Près des boutons d'or dans les prés,
Les caresses de la nature
Hâtent les germes rassurés.

Il me faut retourner encor
Au cercle d'enfer où je vis ;
Marronniers, pressez-vous d'éclore
Et d'éblouir mes yeux ravis.

Vous pouvez sortir pour la fête
Vos girandoles sans péril,

Un ciel bleu luit sur votre faîte
Et déjà mai talonne avril.

Par pitié donnez cette joie
Au poète dans ses douleurs,
Qu'avant de s'en aller, il voie
Vos feux d'artifice de fleurs.

Grands marronniers de la terrasse,
Si fiers de vos splendeurs d'été,
Montrez-vous à moi dans la grâce
Qui précède votre beauté.

Je connais vos riches livrées,
Quand octobre, ouvrant son essor,
Vous met des tuniques pourprées,
Vous pose des couronnes d'or.

Je vous ai vus, blanches ramées,
Pareils aux dessins que le froid
Aux vitres d'argent étamées
Trace la nuit, avec son doigt.

Je sais tous vos aspects superbes,
Arbres géants, vieux marronniers,
Mais j'ignore vos fraîches gerbes
Et vos arômes printaniers.

Adieu, je pars lassé d'attendre ;
Gardez vos bouquets éclatants !
Une autre fleur suave et tendre,
Seule à mes yeux fait le printemps.

Que mai remporte sa corbeille !
Il me suffit de cette fleur ;

Toujours pour l'âme et pour l'abeille
Elle a du miel pur dans le cœur.

Par le ciel d'azur ou de brume
Par la chaude ou froide saison,
Elle sourit, charme et parfume,
Violette de la maison !

Dernier Vœu

Voilà longtemps que je vous aime :
– L'aveu remonte à dix-huit ans ! –
Vous êtes rose, je suis blême ;
J'ai les hivers, vous les printemps.

Des lilas blancs de cimetière
Près de mes tempes ont fleuri ;
J'aurai bientôt la touffe entière
Pour ombrager mon front flétri.

Mon soleil pâli qui décline
Va disparaître à l'horizon,
Et sur la funèbre colline
Je vois ma dernière maison.

Oh ! que de votre lèvre il tombe
Sur ma lèvre un tardif baiser,
Pour que je puisse dans ma tombe,
Le cœur tranquille, reposer !

Plaintive Tourterelle

Plaintive tourterelle,
Qui roucoules toujours,
Veux-tu prêter ton aile
Pour servir mes amours !

Comme toi, pauvre amante,
Bien loin de mon ramier,
Je pleure et me lamente
Sans pouvoir l'oublier.

Vole et que ton pied rose
Sur l'arbre ou sur la tour
Jamais ne se repose,
Car je languis d'amour.

Évite, ô ma colombe,
La halte des palmiers
Et tous les toits où tombe
La neige des ramiers.

Va droit sur sa fenêtre,
Près du palais du roi,
Donne-lui cette lettre
Et deux baisers pour moi.

Puis sur mon sein en flamme,
Qui ne peut s'apaiser,
Reviens, avec son âme,
Reviens te reposer.

La Bonne Soirée

Quel temps de chien ! – il pleut, il neige ;
Les cochers, transis sur leur siège,
Ont le nez bleu.
Par ce vilain soir de décembre,
Qu'il ferait bon garder la chambre,
Devant son feu !

À l'angle de la cheminée
La chauffeuse capitonnée
Vous tend les bras
Et semble avec une caresse
Vous dire comme une maîtresse,
« Tu resteras ! »

Un papier rose à découpures,
Comme un sein blanc sous des guipures,
Voile à demi
Le globe laiteux de la lampe
Dont le reflet au plafond rampe,
Tout endormi.

On n'entend rien dans le silence
Que le pendule qui balance
Son disque d'or,
Et que le vent qui pleure et rôde,
Parcourant, pour entrer en fraude,
Le corridor.

C'est bal à l'ambassade anglaise ;
Mon habit noir est sur la chaise,
Les bras ballants ;

Mon gilet bâille et ma chemise
Semble dresser, pour être mise,
Ses poignets blancs.

Les brodequins à pointe étroite
Montrent leur vernis qui miroite,
Au feu placés ;
À côté des minces cravates
S'allongent comme des mains plate
Les gants glacés.

Il faut sortir ! – quelle corvée !
Prendre la file à l'arrivée
Et suivre au pas
Les coupés des beautés altières
Portant blasons sur leurs portières
Et leurs appas.

Rester debout contre une porte
À voir se ruer la cohorte
Des invités ;
Les vieux museaux, les frais visages,
Les fracs en cœur et les corsages
Décolletés ;

Les dos où fleurit la pustule,
Couvrant leur peau rouge d'un tulle
Aérien ;
Les dandys et les diplomates,
Sur leurs faces à teintes mates,
Ne montrant rien.

Et ne pouvoir franchir la haie
Des douairières aux yeux d'orfraie

Ou de vautour,
Pour aller dire à son oreille
Petite, nacrée et vermeille,
Un mot d'amour !

Je n'irai pas ! – et ferai mettre
Dans son bouquet un bout de lettre,
À l'Opéra.
Par les violettes de Parme,
La mauvaise humeur se désarme :
Elle viendra !

J'ai là l'*Intermezzo* de Heine,
Le *Thomas Grain-d'Orge* de Taine,
Les deux Goncourt,
Le temps, jusqu'à l'heure où s'achève,
Sur l'oreiller, l'idée en rêve,
Me sera court.

L'Art

Oui, l'œuvre sort plus belle
D'une forme au travail
Rebelle,
Vers, marbre, onyx, émail.

Point de contraintes fausses !
Mais que pour marcher droit
Tu chausses,
Muse, un cothurne étroit.

Fi du rythme commode,
Comme un soulier trop grand,
Du mode
Que tout pied quitte et prend !

Statuaire, repousse
L'argile que pétrit
Le pouce
Quand flotte ailleurs l'esprit ;

Lutte avec le carrare,
Avec le paros dur
Et rare,
Gardiens du contour pur ;

Emprunte à Syracuse
Son bronze où fermement
S'accuse
Le trait fier et charmant ;

D'une main délicate
Poursuis dans un filon

D'agate
Le profil d'Apollon.

Peintre, fuis l'aquarelle,
Et fixe la couleur
Trop frêle
Au four de l'émailleur.

Fais les sirènes bleues,
Tordant de cent façons
Leurs queues,
Les monstres des blasons ;

Dans son nimbe trilobe
La Vierge et son Jésus,
Le globe
Avec la croix dessus.

Tout passe. – L'art robuste
Seul a l'éternité.
Le buste
Survit à la cité.

Et la médaille austère
Que trouve un laboureur
Sous terre
Révèle un empereur.

Les dieux eux-mêmes meurent.
Mais les vers souverains
Demeurent
Plus forts que les airains.

Sculpte, lime, cisèle ;
Que ton rêve flottant

Se scelle
Dans le bloc résistant !

Table des matières